Tina

Harry

Bibi

Alexander
von
Faltzen-
stein.

MIJN
EERSTE
BOEK
OVER

Jackie Budd

Pony's

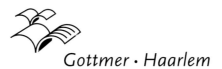

Gottmer · Haarlem

Kijk voor meer informatie over de kinder- en jeugdboeken van de Gottmer Uitgevers Groep op **www.gottmer.nl**

Published by arrangement with Kingfisher Publications Plc

© 1999 Kingfisher Publications Plc
Oorspronkelijke titel: *My Best Book of Ponies*
Oorspronkelijke uitgever: Kingfisher Publications Plc, onderdeel van Macmillan Children's Books, Londen

Voor het Nederlandse taalgebied:
© 1999 Uitgeverij J.H. Gottmer / H.J.W. Becht BV, Postbus 317, 2000 AH Haarlem (e-mail: post@gottmer.nl)
Uitgeverij J.H. Gottmer / H.J.W. Becht BV is onderdeel van de Gottmer Uitgevers Groep BV

Vertaling: Marijke Sarneel, Bureau Werkwoord, Amsterdam
Zetwerk: Peter Verwey Grafische Produkties bv, Heemstede

ISBN 978 90 257 4789 3 / NUR 223

Druk: 11 10 9 8 7 6 5 4
Jaar: 2014 2013 2012 2011 2010

Inhoud

Een veulentje

Op een zomerse dag staat een veulentje dicht tegen zijn moeder aan in de wei. Hoewel hij pas een paar uur geleden is geboren, staat hij al op zijn lange, wiebelige benen. Het veulen is nieuwsgierig en zijn oren bewegen steeds heen en weer. Over een dag of twee voelt hij zich misschien sterk genoeg om de andere veulens te leren kennen en mee te doen met de spelletjes die ze spelen. Nu voelt hij zich dicht bij zijn moeder het veiligst.

Vrienden worden

Een veulentje heeft een heleboel te ontdekken. Over het leven met andere pony's moet het nog alles leren. Als je elke dag naar hem toe gaat en hem aanraakt, went hij aan mensen. Als hij ongeveer vier jaar oud is, kan hij worden getraind om bereden te worden.

4

Alles over pony's

Er is zoveel leuks te ontdekken over pony's. Misschien heb je al eens kennis gemaakt met een pony op de manege, of heb je er zelf een. Als je zoveel je kunt over pony's te weten komt, word je al vlug goede vriendjes.

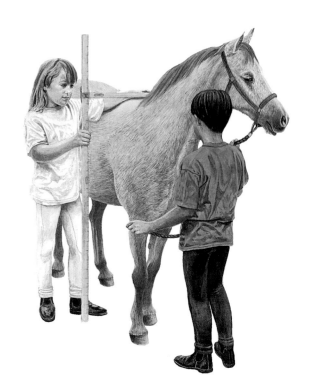

Kleuren en aftekeningen

Er zijn pony's in allerlei kleuren, die allemaal anders heten. Let op de kleur van de vacht, de manen en de staart. Vaak hebben ze een witte vlek op het gezicht en de benen – ook die hebben aparte namen. Leer deze namen, zodat je een pony goed kunt beschrijven.

Schofthoogte

Een pony is eigenlijk een klein paardje. De schofthoogte (ook stokmaat genoemd) van pony's mag niet meer zijn dan 1,47 m.

Kol

Sneb

Sok

Bruin Bruine vacht met zwarte manen en staart

Zwart Zwarte vacht, zwarte manen en staart

Bles

Witbeen

Vos Roodbruin, ook manen en staart

Palomino Goudbruine vacht met lichte manen en staart

Lichaamsbouw

Elk onderdeel van de pony
hceft een aparte naam.

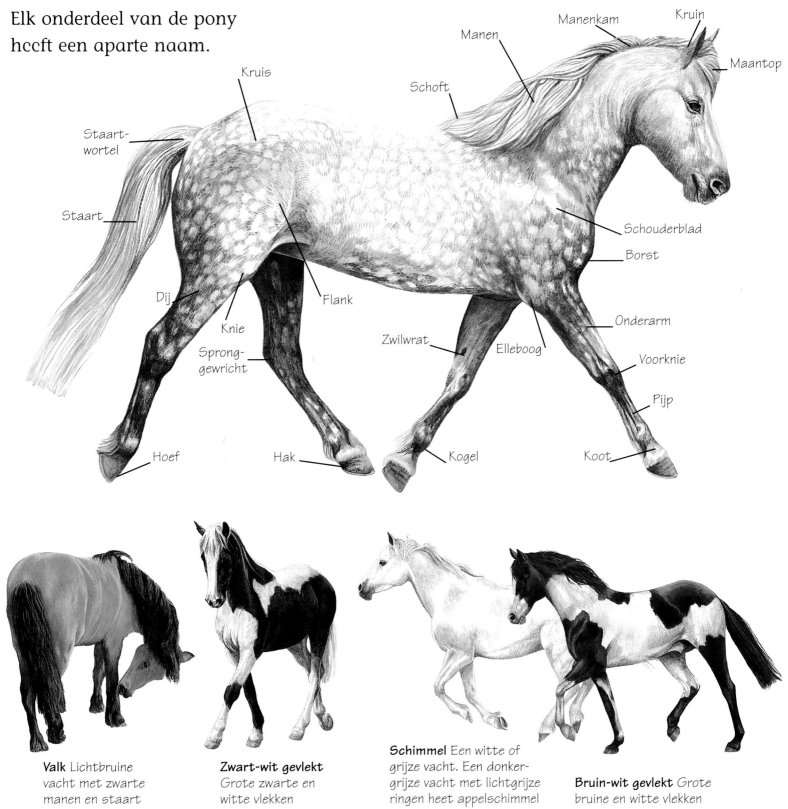

Kruis

Staart-
wortel

Staart

Dij

Knie

Sprong-
gewricht

Hoef

Flank

Hak

Manen

Schoft

Manenkam

Kruin

Maantop

Schouderblad

Borst

Onderarm

Zwilwrat

Elleboog

Voorknie

Pijp

Kogel

Koot

Valk Lichtbruine
vacht met zwarte
manen en staart

Zwart-wit gevlekt
Grote zwarte en
witte vlekken

Schimmel Een witte of
grijze vacht. Een donker-
grijze vacht met lichtgrijze
ringen heet appelschimmel

Bruin-wit gevlekt Grote
bruine en witte vlekken

7

Paarden- en ponyrassen

Paarden en pony's zijn op de hele wereld te vinden. Overal zijn aparte rassen ontstaan, aangepast aan de plaatselijke omstandigheden. Al duizenden jaren lang maakt de mens gebruik van deze sterke, snelle dieren.

Sable Island pony
VS

Mustang
VS

Morgan
VS

Appaloosa
VS

Quarter horse
VS

Criollo
Argentinië

Falabella
Argentinië

Op de boerderij

Paarden hielpen hun berijder bij het drijven van het vee, een van hun eerste taken. In Noord- en Zuid-Amerika doen snelle, wendbare paarden dit werk nog steeds.

Sport en ontspanning

Door de uitvinding van machines zijn er minder werkende paarden en pony's dan vroeger. Nu trainen we ze voor sport en andere activiteiten. Deze ruiters spelen polo.

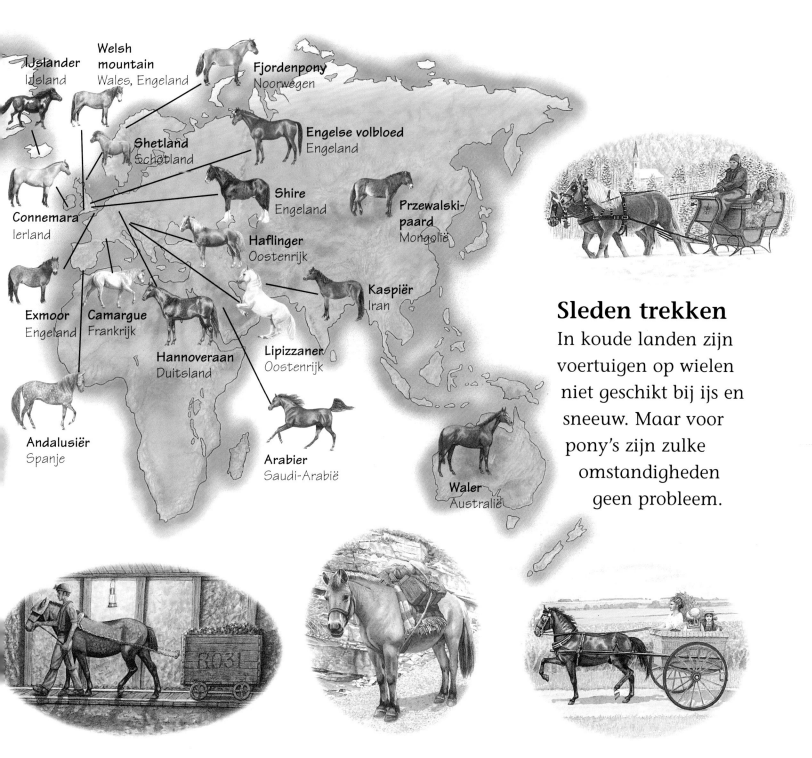

IJslander
IJsland

Welsh
mountain
Wales, Engeland

Fjordenpony
Noorwegen

Shetland
Schotland

Engelse volbloed
Engeland

Shire
Engeland

Przewalski-
paard
Mongolië

Connemara
Ierland

Haflinger
Oostenrijk

Kaspiër
Iran

Exmoor
Engeland

Camargue
Frankrijk

Hannoveraan
Duitsland

Lipizzaner
Oostenrijk

Andalusiër
Spanje

Arabier
Saudi-Arabië

Waler
Australië

Sleden trekken

In koude landen zijn voertuigen op wielen niet geschikt bij ijs en sneeuw. Maar voor pony's zijn zulke omstandigheden geen probleem.

Werk in de mijnen

Tot voor kort trokken pony's in sommige landen karren, diep in kolen-mijnen. Dat was donker, vuil en hard werk.

Lasten dragen

In veel bergachtige streken zijn pony's onmisbaar: ze worden gebruikt om zware lasten te vervoeren.

Vervoer

Al eeuwenlang zijn pony's voor karren en wagens gespannen om mensen en goederen over lange afstanden te vervoeren.

9

Pony's in het verleden

Pony's zoals deze leefden meer dan 12.000 jaar geleden. Ze wisten te overleven omdat ze jagers, zoals deze sabeltandtijger, al van ver opmerkten. Ze waren bovendien snel en konden zich vlug uit de voeten maken. Geen wonder dat de pony's van tegenwoordig zo waakzaam zijn, altijd gespitst op geluid of beweging.

Leven in een kudde

Pony's zijn graag bij elkaar en voelen zich veilig in de kudde. In een groep zijn er altijd een paar die bevriend raken.

Net als mensen hebben pony's ook een eigen persoonlijkheid. Sommige zijn bazig, andere dapper, of vriendelijk, of zelfs verlegen en schuw.

11

Voorzichtig!

Pony's van nu hebben nog steeds de natuurlijke instincten van hun voorouders. Ze zijn vriendelijk, maar schrikken snel, ook al zijn ze getraind. Daarom moet je met pony's altijd voorzichtig zijn. Als je meer van ze weet, word je zekerder van jezelf en win je hun vertrouwen.

Tevreden

Nieuwsgierig

Alert zijn

Let goed op als je gaat rijden. Je pony kan schrikken van iets dat hij ziet of hoort. Net als een wilde pony kan hij dan op de vlucht slaan.

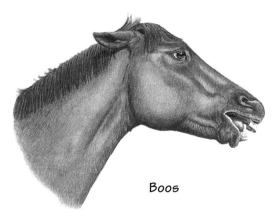

Boos

Belang-
stellend

Kijken

Pony's kunnen opgewonden, gelukkig of boos zijn, net als wij. Soms kun je aan de manier waarop hij kijkt en de lichaamshouding zien wat hij denkt of voelt.

12

Een pony vangen

1 Probeer altijd kalm en ontspannen te blijven in de buurt van pony's. Als je een pony in de wei moet vangen, loop dan rustig naar hem toe, zodat hij kan zien dat je eraan komt. Houd het halster opzij van je lichaam en praat rustig tegen hem.

2 Het halster en het touw dienen om de pony te leiden en hem ergens aan vast te binden. Leg het touw eerst om zijn nek en beloon hem met iets lekkers.

3 Maak geen onverwachte bewegingen en haal het halster over de neus van de pony. Leg het kopstuk achter de oren en gesp het vast aan het bakstuk. Prijs hem en aai hem stevig over zijn hals.

4 Loop naast het hoofd van de pony, terwijl je het touw onder zijn kin vasthoudt. Houd de rest van het touw in je andere hand.

Pony's in de wei

Pony's zijn graag buiten, omdat hun voorouders in het wild leefden. In de wei kunnen pony's vrij met hun vriendjes rondlopen en gras eten, hun natuurlijke voedsel. Er moet een stevig hek zijn, vers water en onderdak. Je moet twee keer per dag naar de pony toe gaan, om te kijken of alles in orde is.

Een vacht voor elk seizoen

In de winter krijgen pony's een dikke vacht om ze tegen de kou te beschermen. Toch hebben pony's met een fijnere vacht misschien een waterdichte deken nodig. Pony's vinden niets zo fijn als lekker rollen. Dat houdt de vacht bovendien gezond.

14

Pony's in de stal

Sommige pony's staan altijd op stal, andere maar een paar uur per dag. De stal moet ruim en fris zijn en de pony moet genoeg ruimte hebben. Voer en tuig moeten apart worden opgeborgen, zodat er geen ongedierte bij kan komen. Laat geen gereedschap rondslingeren, anders kunnen er ongelukken gebeuren.

Veiligheid

In en rond de stal mag beslist nooit gerookt worden.

Tuig opbergen

Het tuig is alles wat je nodig hebt om op een pony te rijden. Het wordt apart opgeborgen. Na het rijden moet je het altijd schoon maken.

Onderlaag

De onderlaag moet ervoor zorgen dat de pony het 's nachts warm genoeg heeft en lekker kan liggen. Er zijn verschillende soorten.

Houtkrullen

Papiersnippers

Stro

Voer

Pony's in de stal moet je
hooi voeren. Als ze bereden
worden, hebben ze
misschien nog extra voer
nodig om gezond en
energiek te blijven.

Brokjes

Grove mix

Appels en
wortelen

Hooinet

Werk aan de winkel

Elke dag, het hele jaar door, zijn er allerlei klusjes te doen. De pony moet eten en water hebben en niet alleen hij zelf, maar ook zijn onderkomen moet schoon en netjes worden gehouden. Soms is het veel werk, maar het is ook vaak leuk.

Glanzend schoon

Poetsen houdt de huid schoon en de vacht gaat glanzen. Bind de pony aan en haal eerst het vuil weg met een harde borstel, voor je de vacht met de glansborstel poetst.

Ga naast de pony staan, met je gezicht naar de staart

Hoevenkrabber

De hoeven

De hoeven moeten twee keer per dag worden uitgekrabd. Strijk met je hand over zijn been en laat hem dan zijn voet optillen door zachtjes op de kogel te duwen. Werk van de hak naar de teen.

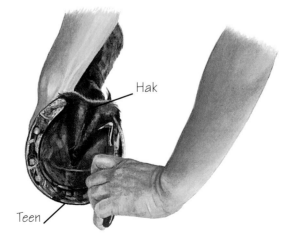

Hak

Teen

18

Harde borstel haalt opgedroogde modder en zweet weg

Rubberen rosborstel voor erg bemodderde of sterk behaarde pony's

Glansborstel voor het schoonmaken van de vacht

Spons voor het schoonmaken van ogen, neus en staartwortel

Zweetmes voor het afvegen van overtollig water na het wassen

Poetsspullen

Poetsen is een hele goede manier om een pony te leren kennen. Als je zelf geen pony hebt, kun je misschien – met alle borstels en andere dingen die daarvoor nodig zijn – je favoriete pony in de manege verzorgen.

De stal uitmesten

De stal moet elke dag worden uitgemest. Haal mest en vochtig stro met een riek weg en schep het in een kruiwagen. Daarna leg je een nieuwe, schone onderlaag op de vloer.

19

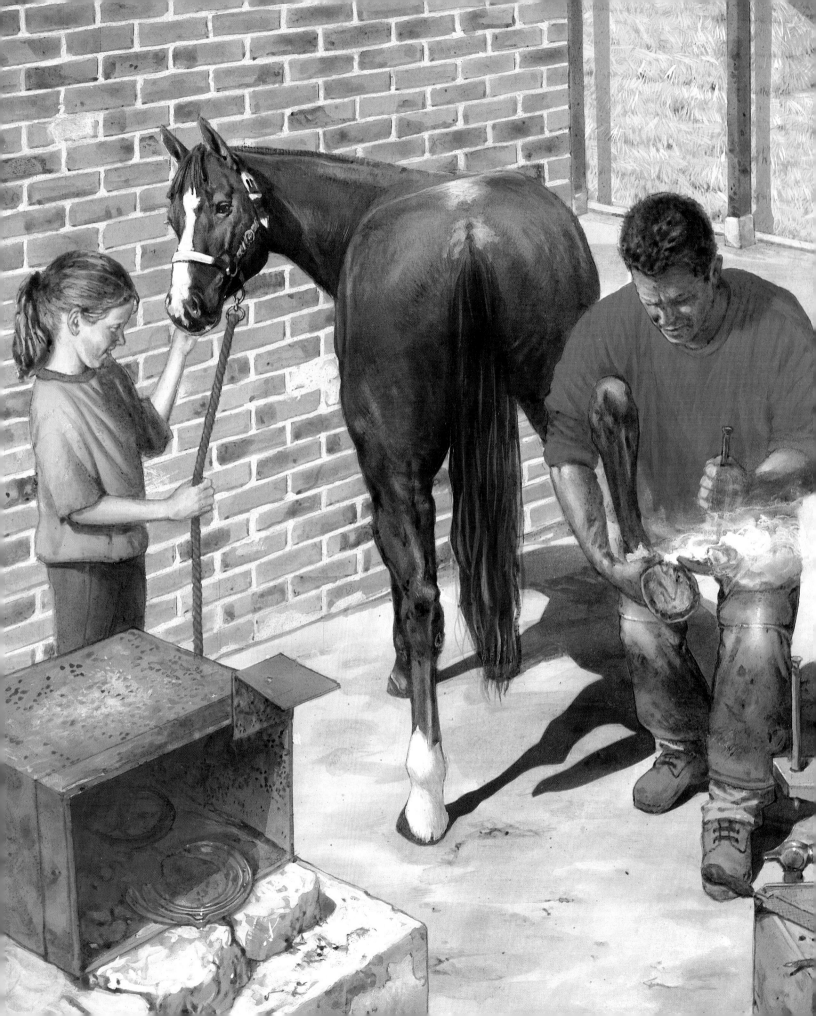

Gezondheid

Een gezonde pony heeft glanzende ogen, een mooie vacht en een levendige oogopslag. Om dat zo te houden, moet je goed voor hem zorgen. De hoefsmid moet regelmatig zijn voeten nakijken. Als de pony ziek of gewond is, moet je de dierenarts erbij roepen.

Nieuwe 'schoenen'

Zonder hoefijzers zou een pony die bereden wordt snel zere voeten krijgen. Om de paar weken moet de hoefsmid de oude ijzers eraf halen, de hoeven bekappen en nieuwe hoefijzers aanmeten. Net als onze nagels groeien hoeven altijd door. Ook bij pony's zonder hoefijzers moeten de hoeven bekapt worden.

De dierenarts

De dierenarts komt niet alleen als de pony ziek is, maar onderzoekt hem ook regelmatig om te zien of hij gezond is. Ze kijkt bijvoorbeeld na of het gebit in orde is. Ook geeft ze inentingen om ziekten te voorkomen en schrijft medicijnen voor tegen parasieten, zoals wormen.

Hoofdstel en bit

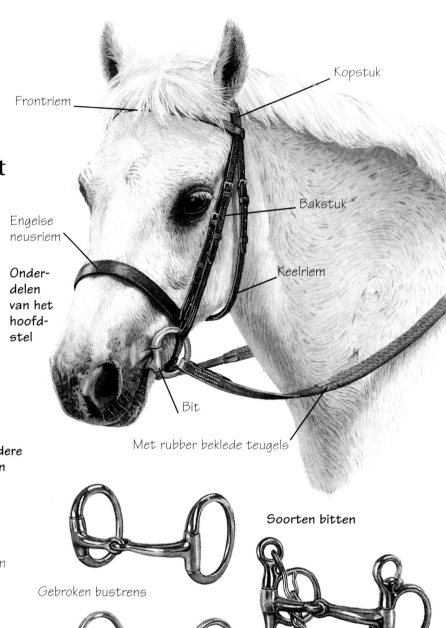

Een hoofdstel wordt gebruikt om de pony bij het rijden te sturen. Het moet goed passen en het moet schoon worden gehouden, zodat de pony zich prettig voelt.

Frontriem

Kopstuk

Bakstuk

Engelse neusriem

Keelriem

Onderdelen van het hoofdstel

Bit

Met rubber beklede teugels

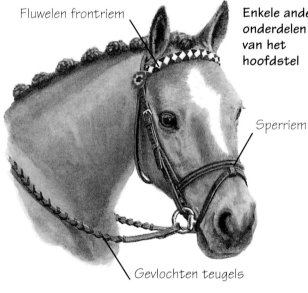

Fluwelen frontriem

Enkele andere onderdelen van het hoofdstel

Sperriem

Gevlochten teugels

Gebroken bustrens

Ongebroken rubbertrens

Soorten bitten

Gebroken stangbit

Het hoofdstel

Het hoofdstel bestaat uit leren riemen, die je langer of korter kunt maken, zodat ze goed passen.

Een bit kiezen

Het bit ligt op de tong van de pony en is verbonden met de teugels en bakstukken. Er zijn veel soorten. De meeste pony's hebben een trens, met een mondstuk dat uit één deel bestaat of uit twee met elkaar verbonden delen.

Het hoofdstel omdoen

1 Haal de teugels over het hoofd. Houd het hoofdstel in je rechterhand en schuif het bit met je linkerhand in de mond.

2 Haal het kopstuk over de oren en trek de maantop over de frontriem. Kijk goed of het bit niet te strak of te los zit.

3 Als het hoofdstel is vastgegespt, moeten er vier vingers onder de keelriem passen. Maak dan de neusriem vast.

Western rijden

In Amerika en sommige andere delen van de wereld is Western rijden populair. Hiervoor heeft de pony ander tuig. Een Western hoofdstel heeft geen neusriem en is vaak prachtig versierd. De teugels hoeven maar heel licht te worden aangehaald.

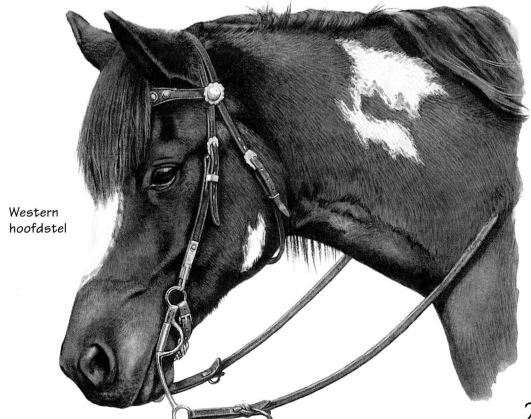

Western hoofdstel

23

Opzadelen

Het zadel helpt de ruiter om zo goed en veilig mogelijk op de rug van de pony te zitten. Op deze tekening heeft de jongen een Western en het meisje een gewoon zadel. Het zadel wordt om de buik van de pony vastgegespt met een dikke riem, de singel.

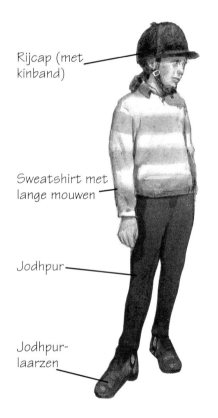

Rijcap (met kinband)

Sweatshirt met lange mouwen

Jodhpur

Jodhpur-laarzen

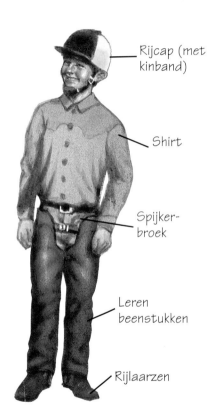

Rijcap (met kinband)

Shirt

Spijker-broek

Leren beenstukken

Rijlaarzen

Kleding

Rijkleding is handig en vergroot de veiligheid. Het belangrijkste zijn laarzen met hakken en een goede cap.

Western kleding

Deze kleren lijken op de kleding die cowboys vroeger droegen. Ze zitten gemakkelijk en zijn heel sterk.

Leren rijden

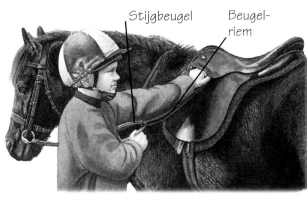

Stijgbeugel   Beugel-
riem

De beste plek om te leren rijden is een manege, waar je veilig en op een leuke manier les krijgt. Je instructeur helpt je een geschikte pony uit te kiezen. Hij legt ook uit hoe je de pony duidelijk moet maken wat je hem wilt laten doen.

Beugelriemen

Controleer of de beugelriemen op lengte zijn door je hand op de gesp te leggen en de stijg-beugel onder je arm te houden.

Opstijgen

Ga links van de pony staan met je gezicht naar de staart en de teugels in je linkerhand. Zet je linkervoet in de stijg-beugel. Pak de achter-kant van het zadel vast en zwaai je been over de rug.

Pak de achterkant
van het zadel met je
rechterhand vast

Afstijgen

Haal eerst je voeten uit de stijgbeugels als je wilt afstijgen. Buig naar voren, zwaai je rechterbeen over de rug van de pony en spring op de grond.

Zwaai je been over
de rug van de pony

Het begin

Zorg ervoor dat je goed in het zadel zit. Om de pony vlugger of langzamer te laten lopen of te laten keren moet je hulpen (signalen) gebruiken. Dat doe je met je benen, stem, handen en je zit (billen!).

Kijk recht voor je uit

Ontspan, maar blijf rechtop zitten

Houd je ellebogen gebogen

Houd de teugels vast met de duimen aan de bovenkant en de pink aan de onderkant

Laat de bal van je voet op de stijg-beugel rusten, met je hielen naar beneden

In draf

Pony's hebben vier gangen – stap, draf, galop en rengalop. Bij de draf word je door elkaar geschud, tot je leert om met de stappen mee omhoog te komen.

In galop

Als je verder bent, kun je de galop proberen. Duw je hielen naar binnen, de pony weet dan dat je sneller wilt rijden. Ga lekker zitten en geniet!

Wedstrijden en shows

'Foutloos parcours!' **Niets is zo opwindend als een prijs winnen met je lievelingspony.** Als je beter kunt rijden, kun je leren springen en misschien zelfs aan wedstrijden meedoen. Daarvoor heb je veel oefening nodig. Zorg ervoor dat je omhoog kijkt, rustig in het zadel zit en in evenwicht blijft boven de hindernis. Jij en je pony moeten een hecht team vormen.

Klaar ... af!

In sommige landen, zoals Engeland, worden bij shows van paarden of pony's allerlei spelletjes gedaan, zoals wedstrijden zaklopen. Vaak komen er ook behendigheidsspelletjes aan te pas, die niet alleen spannend zijn, maar waardoor je je pony ook heel goed leert kennen.

Plezier met pony's

Als je kunt ponyrijden zijn er ontelbaar veel leuke en spannende dingen te doen. Wat je ook kiest, je zult er vast plezier bij hebben.

Erop uit

Op een pony met een groepje vrienden erop uit trekken is opwindend. Met z'n allen kun je heerlijk door de bossen en velden rijden.

Acrobatiek

Acrobatiek op de rug van een paard zie je vaak in het circus. Als je dit gaat doen, verbetert je balans en leer je dus ook beter rijden.

Vrienden voor altijd

Misschien wil je graag een eigen pony hebben, of later een beroemde ruiter worden. Of je wilt gewoon heel vaak bij je ponyvriend zijn. In elk geval, veel plezier met pony's!

Woordenlijst

Cross-country Evenement dat op het platteland wordt gehouden, waarbij pony en ruiter proberen een serie natuurlijke hindernissen te nemen.

Dekhengst Een volwassen mannelijke pony, die voor het dekken gebruikt wordt.

Foutloos parcours Een springparcours dat zonder fouten wordt afgelegd.

Grazen Vers gras eten.

Halster Het tuig dat een pony om zijn hoofd heeft en dat nodig is om hem te vangen, leiden of aan te binden.

Hand Een maateenheid die in Engeland wordt gebruikt om de schofthoogte te meten. Een hand is 10 centimeter, ongeveer net zo breed als de hand van een volwassene, vandaar de naam. In Nederland wordt de schofthoogte (stokmaat) in centimeters gemeten.

Hengst Een volwassen mannelijke pony.

Hengstveulen Een mannelijke pony van minder dan vier jaar oud.

Hoefsmid Iemand die is opgeleid om een pony van nieuwe hoefijzers te voorzien.

Hoofdstel Het tuig dat een pony om zijn hoofd heeft en dat nodig is bij het rijden.

Hooi Gemaaid, gedroogd gras.

Hulp Het signaal dat de ruiter gebruikt om de pony te laten weten wat hij moet doen. De belangrijkste hulpen zijn: handen, benen, zit en stem. Ook de zweep is een hulp.

Links De linkerkant van de pony (van het dier uit gezien).

Merrie Een volwassen, vrouwelijke pony.

Merrieveulen Een vrouwelijke pony van minder dan vier jaar oud.

Opstijgen Op een pony gaan zitten. Van zijn rug afgaan heet 'afstijgen'.

Rechts De rechterkant van de pony (van het dier uit gezien).

Ruin Een mannelijke pony die geen veulens kan verwekken.

Show Een wedstrijd, keuring of ander evenement met pony's of paarden.

Tuig De riemen en andere zaken die nodig zijn bij het ponyrijden, bijvoorbeeld het zadel en het hoofdstel.

Veulen Een pasgeboren pony.

Zadel Het tuig waar je op zit bij het ponyrijden.

Register